마음의 힘을 키우는 어린이 자존감

책읽는달

이 책의 활용법

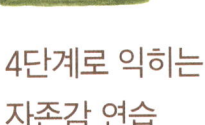

4단계로 익히는 자존감 연습

1단계 자존감에 대해 바로 알기, 2단계 남의 기준과 편견으로부터 자유로워지기, 3단계 감정 훈련, 4단계 행동 훈련 등을 통해 날마다 자존감이 성장합니다.

자존감에 대해 알기

어린이가 일상생활에서 자주 느끼는 40여 가지 자존감 관련 감정과 상황을 짧은 글과 그림으로 보여줌으로써 여러 가지 감정을 느낄 수 있습니다.

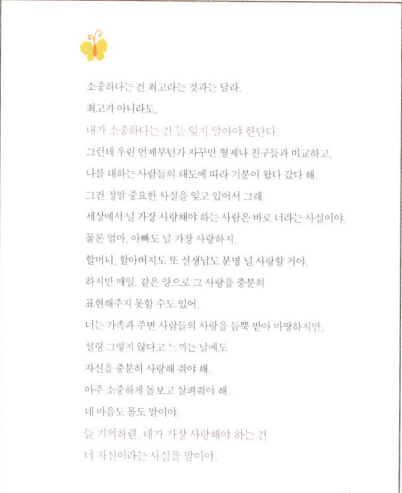

자존감 쑥쑥 3

위로와 용기가 되는 글

위로와 용기가 되는 말을 건네줍니다. 공감되는 이야기를 통해 내가 느끼는 감정이 무엇인지 알 수 있으며 자존감을 높이고 나를 사랑하는 법을 알게 됩니다.

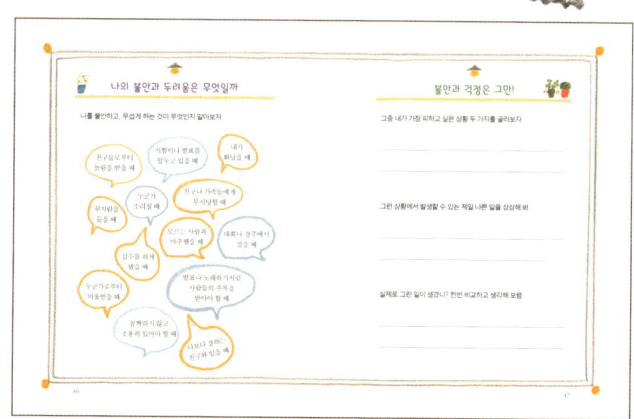

자존감 쑥쑥 4

마음의 힘을 키우는 자존감 수업

안데르센, 아인슈타인, 플레밍 등 위인들의 자존감 관련 재미있는 이야기를 읽을 수 있어요. 그리고 그림 그리기, 글쓰기 등 다양한 활동을 통해 내 마음을 들여다보고 자존감과 자신감을 키우는 법을 연습할 수 있습니다.

# 차례

이 책의 활용법 2

소중한 나
: 자존감에 대해 바로 알기

내가 마음에 안 들어 10
못하는 게 많아 12
다 맘대로 하고 싶어! 14

★ 미운 오리 새끼의 꿈
★ 나를 사랑하는 주문

내가 뭐 어때서?

: 남의 기준과 편견으로부터 자유로워지기

난 머리가 나빠　20
예뻤으면 좋겠어　22
공부는 정말 지겨워　24
　★ 가능성이란 무엇일까
　★ 나를 믿어

끈기가 없어　28
나 때문인 것 같아　30
자꾸 실수해　32
싫어하는 것 때문에 괴로워　34
　★ 실수로 탄생한 세계적 발명품
　★ 실수하면 어때?

마음을 다독여요
: 감정 훈련

툭 하면 눈물이 나 40
자꾸자꾸 걱정돼 42
겁쟁이인가 봐 44
★ 나의 불안과 두려움은 무엇일까
★ 불안과 걱정은 그만!

창피해 48
부러워 50
부끄러워 52
노력해도 안 돼 54
★ '할 수 있다'는 자신감을 가져
★ 노력에 관한 고사성어

인기가 없어 58
친구와 싸웠어 60
말을 잘하고 싶은데…… 62
★ 친구와 좋은 관계를 맺는 방법
★ 우정에 관하여

짜증 나 66
내 맘은 갈팡질팡 68
억울해 70
다들 무시해 72
★ 자존감만큼 중요한 인품

이렇게 해 봐요
: 행동 훈련

느릿느릿 굼벵이라고?　78
완벽해지고 싶어　80
자꾸 거짓말이 나와　82
재미가 없어　84
★ 마음 건강 진단법
★ 지친 마음에 힘을 불어넣는 방법

시키는 대로 하기 싫어　88
왜 양보해야 해?　90
또 잃어버렸어　92
★ 자존감은 나누는 것
★ 난 무엇을 할 수 있을까?

착한 아이가 되어야 해?　96
거절하기 어려워　98

어떻게 해?　100
★ 어린이를 사랑한 위인들
★ 세계의 어린이날

친구가 미워　104
내 편은 아무도 없어　106
미움받을까 두려워　108
★ 학교 폭력 대처법
★ 친구를 괴롭히는 아이에게

내 꿈은 뭘까?　112
꿈이 없는데……　114
꿈을 이루려면 공부를
잘해야 하나요?　116
★ 꿈의 방향
★ 미래의 직업

소중한 나

: 자존감에 대해 바로 알기

내가 마음에 안 들어

🧡 와! 내가 태어난 건 기적 같은 일이래요.
🧡 나는 정말 소중해요.

그래 정말이란다. 네가 태어난 건 기적 같은 일이었어.

네가 아주 작은 아기 씨앗이었을 때

넌 또 다른 3억 개의 아기 씨앗들과 달리기 시합을 했고

1등을 했어!

그리고 엄마 뱃속에 착 ~ 자리 잡은 거야.

지금은 그만큼 달리기를 잘하지 못한다고?

괜찮아. 네게는 언제든, 무엇을 향해서든

달려나갈 힘이 있거든.

엄마는 그런 너를 열 달 동안 소중하게 품었고,

힘든 상황을 견뎌내며 너와 만날 수 있게 됐지.

첫걸음마를 하기 위해 너는 수백 번도 넘게 연습했어.

정말 대단하지 뭐야.

그 조그마한 아기 때부터 무시무시한 예방주사를 맞아가며

병균들과도 열심히 싸웠지.

지금처럼 말을 하고 책을 읽기까지

네가 얼마나 많이 애썼는지, 기억할 수 있니?

네가 이렇게 존재하는 것만으로도

정말 대견하고 자랑스럽단다.

못하는 게 많아

- 피, 그런데 난 못하는 게 왜 이렇게 많죠?
- 엄마한테 혼나기 일쑤고 선생님도 나한테 관심이 없어요.

소중하다는 건 최고라는 것과는 달라.

최고가 아니라도,

내가 소중하다는 건 늘 잊지 말아야 한단다.

그런데 우린 언제부턴가 자꾸만 형제나 친구들과 비교하고,

나를 대하는 사람들의 태도에 따라 기분이 왔다 갔다 해.

그건 정말 중요한 사실을 잊고 있어서 그래.

세상에서 널 가장 사랑해야 하는 사람은 바로 너라는 사실이야.

물론 엄마, 아빠도 널 가장 사랑하지.

할머니, 할아버지도 또 선생님도 분명 널 사랑할 거야.

하지만 매일, 같은 양으로 그 사랑을 충분히

표현해주지 못할 수도 있어.

너는 가족과 주변 사람들의 사랑을 듬뿍 받아 마땅하지만,

설령 그렇지 않다고 느끼는 날에도

자신을 충분히 사랑해 줘야 해.

아주 소중하게 돌보고 살펴줘야 해.

네 마음도 몸도 말이야.

늘 기억하렴. 네가 가장 사랑해야 하는 건

너 자신이라는 사실을 말이야.

다 맘대로 하고 싶어!

- 내가 소중한 존재라면서요? 그런데 왜 내 마음대로 하면 안 되죠?
- 엄마 잔소리도 싫고 아빠 간섭도 싫어요.
- 소중한 나! 이제부터 아침에 짜장면 먹고 점심으로 초코케이크에 젤리를 먹을래요!

네가 정말 소중하다는 것과
하고 싶은 모든 걸 해도 된다는 건 좀 다른 문제야.
네가 소중하다고 해서 마음대로 한다면
또 다른 소중한 사람들이 불편해지고 마음을 다칠 수도 있거든.
그래서 우리는 함께 어울릴 수 있는 규칙을 배우지.
그렇지 않으면 네 마음대로 한다고 해도 외로워질지도 몰라.
종일 좋아하는 젤리만 먹으면 어떻게 될까?
곧 이가 썩고, 영양분 부족으로 키도 크지 않을 거야.
그러면 재미난 술래잡기 놀이도 잘할 수 없을걸.
그래서 어른들은 사랑스러운 어린이들이
안전하게, 잘 자라날 수 있도록 큰 규칙들을 만들었어.
조금 싫을 때도 있지만 그 안에서 훨씬 즐겁고 자유로울 수 있다는 걸 알게 될 거야.
그리고 너 자신을 진정으로 소중히 대하는 법을
배워나가는 거야.

미운 오리 새끼의 꿈

《미운 오리 새끼》라는 동화책을 읽어봤니?

연못가 노랗게 줄지은 오리 새끼들 가운데 털도 하얗고 물장구도 잘 못 치는 못생긴 오리가 있었어. 이리저리 미움받기 일쑤였지. 그런데 알고 보니 오리가 아닌 백조였던 거야. 그리고 어느 날 모두가 보란 듯이 연못 위를 훨훨, 하늘 높이 날아갔대.

전 세계 많은 어린이가 읽어온 이 책을 쓴 작가는 안데르센이야. 안데르센의 아버지는 가난한 구두 수선공이었지만 많은 책을 읽어주셨어. 그런데 그만 일찍 돌아가시고 말았어.

안데르센은 열한 살 때부터 공장에서 일하며 가족을 위해 돈을 벌어야 했지. 연극 무대의 배우가 되고 싶었지만 얼굴이 못생겼다는 이유로 꿈을 접어야 했어. 소설가가 되고 싶었지만 인정받지 못했어. 그러던 중 안데르센은 자기 이야기를 쓴 거야.

'비록 지금은 아무에게도 인정받지 못하고, 못생겼다고 놀림 받지만 그래도 내겐 빛나는 날개가 있을지도 몰라.'

많은 어린이에게 꿈과 희망을 전한 동화 《미운 오리 새끼》는 이렇게 탄생했단다.

나를 사랑하는 주문

그림을 그려 볼까?

아기였을 때의 네 모습을 그려봐.

그림 속 아이에게 어떤 이야기를 해주고 싶니?

앞으로 쑥쑥 커갈 이 아이에게 사랑과 용기를 주렴.

내가 뭐 어때서?

: 남의 기준과 편견으로부터 자유로워지기

난 머리가 나빠

- 같은 반에, 같은 학원에 다니고, 같은 문제집을 푸는 데도 다솔이는 100점, 나는 50점.
- 창피하지만, 난 정말 머리가 나쁜 거 같아요.

네가 말하는 기준에서 보자면, 모든 사람은 AI보다 머리가 나빠.
AI는 컴퓨터에서 사람 같은 지능을 갖고 활동하는
프로그램이야.
AI는 퀴즈, 바둑 같은 분야에서 최고라고 하는 사람들을 이겼고
이제는 생활 속 많은 분야에서 활용되고 있어.
그런데 사람들은 아무도 AI가 되고 싶어 하진 않아.
AI와 비교하며 괴로워하지도 않지. 왜일까?
AI가 사람보다 더 많은 정보를 갖고 처리할 수는 있지만
도무지 사람을 따라올 수 없는 것도 많거든.
창의력, 상상력, 따뜻한 마음과 용서……
제아무리 똑똑한 컴퓨터라 해도 이런 것들은 할 수 없단다.

네가 가진 가치와 능력은
시험 결과 같은 것으로 평가할 수 없어.
머리가 나쁘다는 생각은 꼭꼭 접어두자.
대신에 네가 가진 장점들을 떠올려봐.
그것을 어떻게 키울지,
누구를 행복하게 하는지도 말이야.

예뻤으면 좋겠어

💛 아무리 봐도 내 얼굴은 못생겼어요.

💛 나도 예슬이처럼 예뻤으면 좋겠어요!
예슬이는 학예회 때 공주 역할도 맡고, 합창할 때도 제일 앞자리에요.

여기 공주와 왕자가 사는 성으로 가는 계단이 있어.

이 계단은 한 번 오르기 시작하면 계속 올라가고 싶고,

거꾸로 내려오긴 쉽지 않아.

키가 훌쩍 자라고, 어른이 되어도 그 계단은 계속된단다.

이 계단은 끝이 없기 때문이야.

예쁜 얼굴, 멋진 몸에 신경 쓰면서 비교하고 우울해지는 건

바로 그 계단을 오르는 것과 같아.

그럼 영영 방법은 없는 걸까?

친구보다 예뻐지고, 지금보다 더 멋있어질 방법이 있단다.

사람을 정말 아름답게 만들어주는 거울이 있어.

매일매일 주문을 외우며 거울을 보면 볼수록

더욱더 예뻐지고 멋있어진대.

그 거울은 어디서 살 수 있냐고? 이미 넌 가진걸.

그건 바로 자신감이란 거울이야.

'동그란 콧구멍이 귀여운걸.', '작은 눈이 초롱초롱 빛나네!'

이렇게 스스로를 칭찬해주는 거야.

그러다 보면 어느새 자신감에 비친 네 얼굴은

세상 가장 아름답게 빛난다는 걸 발견하게 될 거야.

공부는 정말 지겨워

수학 문제만 보면 머리가 아파요.

영어 시간만 되면 입이 꾹 다물어져요.

후유, 이 지겨운 공부를 앞으로 십 년도 넘게 해야 하는 거예요?

공부를 못하면 커서 아무것도 될 수 없대요.

큰일이에요.

난 왜 이렇게 공부가 싫을까요?

놀라지 마. 사실 대부분의 사람이 공부를 싫어해.
잘하든 못하든 공부는 늘 어렵고 힘들거든. 왜일까?
공부란 모르는 것을 배워가는 과정이기 때문이야.
그러니까 당연히 어렵게 느껴지고
더욱이 시험에, 평가까지 뒤따르니 싫어질 수밖에…….
그런데 우리는 시험 결과에 집중한 나머지
공부를 왜 해야 하는지를 잊어버렸어.
네 안에는 이 세상을 멋지게 만들 수 있는 보석이 있어.
그 보석을 찾아내서 반짝반짝 빛나게 하려면
여러 가지 도구가 필요해.
네가 학교에서 배우는 과목들이 바로 그런 도구란다.
공부는 꿈을 찾고 실현해줄 수 있는 도구야.
또 공부는 그 자체가 목적이 아니라 과정이야.
어렵고 싫은 것도 참고 견뎌내는 건,
살면서 아주 중요한 기술이거든.
결과에 욕심내지 말고, 작은 목표를 세워서 차근차근 노력하면
분명 재미있게 할 수 있을 거야.

 가능성이란 무엇일까

어떤 친구 이야기를 들려줄게. 읽어보고 이 친구에 대해 함께 생각해 보자.

☆ 그 아이는 태어날 때부터 머리가 아주 커서 부모님이 걱정이 많았어.
★ 그 아이는 네 살이 될 때까지 말을 거의 하지 못했어.
☆ 그 아이는 친구들에게 인기가 없었어. 이런저런 놀림도 받았지.
★ 그 아이는 문제를 풀 때나 활동을 할 때 너무도 행동이 굼떴어.
☆ 그 아이는 수학 문제의 답을 가르쳐줘도 도통 풀지를 못하고 엉뚱한 걸 적어 냈어.
★ 그 아이의 선생님은 "이 아이는 도무지 성공할 수 없습니다."라고 말하기까지 했어.
☆ 그 아이는 짓궂은 장난으로 여동생을 다치게 하는 말썽꾸러기였어.
★ 그 아이는 카드로 탑 쌓기 놀이를 아주 좋아했어. 13층이나 올렸다니까.

나를 믿어

그 아이의 이름은 알베르토 아인슈타인(1879-1955)이야. 우주의 비밀을 밝혀낸 천재 물리학자로 훌륭한 과학자란다. 그의 어린 시절을 보면, 커서 세계적 과학자가 될 거라고 생각하긴 어려워.
훗날 아인슈타인은 이렇게 말했어.
"나는 천재가 아니라 문제를 더 오래 연구할 뿐입니다."
느리고, 굼뜨며, 틀린 답을 적어내던 그 아이는 남들보다 천천히 더 오래 문제를 생각하고 풀어낸 거란다.
만약 아인슈타인이 '난 아무것도 못해.'라며 피하기만 했다면 우주의 신비, 블랙홀의 비밀 같은 건 풀리지 않았을 거고 과학은 먼 길을 가야 했을 거야.
그래. 너는 아직 '과정' 중에 있어. 너의 단점은 장점이 되고, 네가 모르던 네 안의 보석이 반짝이며 빛날 날이 올 거라고.

아인슈타인의 명언

- 한 번도 실수해보지 않은 사람은 한 번도 새로운 것을 시도한 적 없는 사람이다.
- 수학이 어렵다고 걱정하지 마라. 수학은 물리학자인 내게 훨씬 더 어렵다.
- 지식보다 중요한 것은 상상력이다.

끈기가 없어

💛 배우고 싶었던 피아노, 막상 배워 보니 태권도를 배우고 싶어졌어요.

💛 뭐든지 꾸준히 하지 못하는 날 보고 끈기가 없대요.

이것저것 관심을 두는 건 좋은 거야.
아직 넌 모르는 게 많고, 흥미를 가져보고 싶다는 거니까 말이야.
그런데 혹시 어려운 걸 피하고 싶은 건 아닌지 생각해 봐야 해.
어쩌면 무언가를 하고 싶을 때 잘해낸,
완성된 모습만을 상상했던 건 아닐까?
거기에 도달하기 위해서는 어려운 과정도 거쳐야 하거든.
그걸 '고비'라고 해.
목표에 가기까지 걸어야 하는 오르막길과 같아.
산에 오를 때를 생각해 볼래?
처음엔 신기하고 재미있지만 얼마 지나지 않아
힘이 들고 숨도 차지? 꼭대기는 아직 저 멀리 있고.
하지만 힘든 걸 꾹 참고 성실히 걸어냈을 때 정상에서 "야호!"를
외칠 수 있어.
'저 길을 내가 다 걸어 올라왔구나.' 하면서 보람을 느끼게 돼.
지금의 너도 아주 좋아.
이것저것 하다 보면 너에게도 오르막길을 오르더라도
"야호!"를 외치고 싶은 게 생길 거야.

나 때문인 것 같아

💛 엄마, 아빠가 싸웠어요. 나 때문인 거 같아요.

💛 할머니는 나 때문에 아빠, 엄마가 고생한대요.

네 기분을 알아.

마치 좁은 상자에 들어가 있는 것 같고 점점 작아지는 것만 같지?

그런데 부모님이나 어른들에게는 그 세계의 문제가 따로 있어.

너로 인해 그 문제가 드러날 순 있지만

네가 근본적인 문제를 만들지는 않았다는 뜻이야.

넌 분명 가장 사랑스럽고 소중한 존재야.

그건 친구나 선생님 혹은 부모님이 화가 나서

순간 부정한다고 해도, 절대 변하지 않는 사실이야.

넌 그걸 믿어야 해.

그리고 넌 많은 순간에 웃음을 선물했고

기쁨이 되어 주었단다.

지금도 충분히 그럴 수 있어.

'난 소중하고 사랑스러운 아이야.'라고 생각하고,

부모님을 위로해 드려봐.

아마 행복해하실 거야.

자꾸 실수해

💛 동생이랑 잘 놀아주고 싶었는데 동생이 그만 넘어지고 말았어요. 동생이 "형아가 그랬어."라며 우는데 어찌할 바를 모르겠어요.

💛 실수로 달걀을 깨뜨렸어요. 나는 골칫덩이가 된 거 같아요.

실수했을 땐 '아차!' 싶고, 너무 속이 상해.

왜냐하면 그건 못하는 게 아니라 할 수 있는 거였거든.

그런데 이상하게도 뜻대로 되지 않아서 정말 기분이 나빠.

누굴 탓할 수도 없고 말이야.

그런데 실수란 도전하는 사람만이

경험해 볼 수 있는 거란다.

실수의 다른 말이 뭔 줄 아니? 바로 '교훈'이야.

실수했을 때는 주눅 들거나 뾰로통해지지 말고

솔직하게 네 마음을 말해 봐.

"시험을 정말 잘 보고 싶었어요.",

"동생과 신나게 놀아주고 싶었어요.",

"엄마를 기쁘게 해드리고 싶었어요."

이렇게 네 생각을 설명하면 좋겠어.

그러면 분명 어른들도 너의 실수에 너그러이 대해주실 거야.

실수를 교훈 삼아 더 잘할 거라고 기대하면서 말이야.

싫어하는 것 때문에 괴로워

♥

맵고 신 김치가 내 혀를 꼬집어요!

♥

목욕하기 싫은데 자꾸 씻으래요.

♥

가만히 있고 싶은데 운동을 같이하재요.

♥

물에 젖은 스펀지 같은 버섯을 먹기 싫어요.

♥

급식 시간에 싫어하는 반찬만 나와서 속상해요.

음식을 골고루 먹어야 영양이 있고, 쑥쑥 클 수 있단 거 너도 잘 알지?
그런데 솔직히 말이야, 너무 싫은 걸 좋아하기란 쉽지 않아.
싫어하는 반찬들만 가득한 식판을 대할 때면
넌 전쟁하는 심정일 거야.
사람마다 혀가 받는 느낌엔 크고 작은 차이가 있어.
덩치가 큰 외국인들도 김치 한 조각 고추장 한 젓가락에
눈물 뚝뚝 흘리기도 하고,
고소한 땅콩이나 달콤한 복숭아도 한 입만 먹어도
알레르기가 일어나는 사람들도 있지.
편식쟁이로 불리는 걸 두려워하지 마.
너의 혀와 몸은 그렇게 느낀다고 당당히 말해.
대신에 조금이라도 싫어하는 반찬에 도전해보자.
아주 조금이어도 돼.
너의 혀에게 가르쳐주는 거야.
'이런 맛, 이런 느낌의 음식들도 있단다.' 하고 말이야.
그러다 보면 좋아하는 음식들이 더 늘어날 거야.

실수로 탄생한 세계적 발명품

불과 100년 전만 해도 사람은 감기와 같은 작은 질병에도 쉽게 죽고 말았어. 그땐 사람을 공격하는 병균을 잡아낼 수가 없었고 치료제도 없었단다.

그래서 알렉산더 플레밍이란 과학자는 잠도 잊은 채 세균 연구를 열심히 했어. 뚜껑을 꼭꼭 덮은 여러 종류의 세균을 매일같이 살피며 실험을 했지. 뚜껑을 덮지 않으면 세균들이 엉망으로 섞여버릴 수가 있었거든.

그러다가 며칠 휴가를 다녀왔는데 세균 접시 하나에 푸른곰팡이가 피어 있는 거야. 그만 실수로 뚜껑을 잘 덮지 않았던 거지. 자신을 탓하며 곰팡이가 핀 접시를 버리려던 플레밍은 이상한 걸 발견했어. 푸른곰팡이 주변엔 세균이 하나도 없었던 거야.

플레밍은 세균을 잡아먹은 푸른곰팡이를 새롭게 연구하기 시작했어. 그리고 이 곰팡이가 사람 몸의 병균을 잡아냈다는 것을 알게 돼. '페니실린'이라 부르는 이 물질이 바로 최초의 항생제야.

네가 병원에서 처방받아온 약에 들어 있어. '인류의 생명줄'이라 불린 페니실린은 이렇게 플레밍의 실수로 탄생했단다.

실수하면 어때?

실수가 꼭 나쁜 것만은 아니지? 그런데 실수했을 땐 잊지 말아야 할 게 있어! 실수를 덮으려고 거짓말을 하거나 없던 일처럼 굴면 안 돼.

'왜 이런 실수를 했을까?'를 꼭 생각해 봐야 해. 그리고 연습해 보는 거야. 또 같은 실수를 하면 어떻게 하냐고? 괜찮아. 너에게 어려운 것일수록, 네가 꼭 배워서 익혀야 하는 문제일수록 실수가 잦거든.

다음에 또 같은 상황이 온다면 어떻게 하는 게 좋을까?

_____

실수의 경험으로 깨달은 교훈을 적어 보렴.

_____

③ 마음을 다독여요

: 감정 훈련

툭 하면 눈물이 나

- 선생님께 꾸지람을 들었어요. 자꾸 눈물이 나요.
- 한번 울면 멈출 수가 없어요. 나는 울보예요.

울음은 마음에서 흐르는 슬픔이 밖으로 터져 나오는 거야.

이유 없이 눈물이 나진 않아.

눈물에 가려 이유를 잘 찾지 못할 뿐이지.

이 세상에서 네 마음을 가장 잘 알고,

헤아려 줄 사람이 누굴까?

그래 바로 너 자신이야.

왜 이런 상황에 이르렀는지 설명할 수 있는 것도 너란다.

네 안에는 자신감이라는 건강하고 똑똑한 아이가 있거든.

슬픔에 마냥 끌려가지 말고, 네 안의 멋진 너와

잠시 대화를 해보면 좋겠구나.

자꾸 울음이 나는 건 분명 네가 못다 한 말이 있어서 그래.

이렇게 된 사정이라든지, 억울한 부분이 있다든지 말이야.

그리고 조금 진정하고 다른 사람들에게 이야기하도록 해 봐.

네가 정확히 말하지 않으면 다른 사람들은 그냥 지나쳐 버려.

다른 사람이 너에 대해 잘못 생각하고 있다면

눈물을 닦고 그것을 바로 잡아보자.

또 반성할 게 있다면 솔직히 인정하는

멋진 너를 보여주도록 하렴.

자꾸자꾸 걱정돼

💛 내일이 시험이에요. 지난번처럼 또 실수하면 어떡하죠?

💛 합창 대회를 앞두고 친구들은 들떠 있어요.
　 그런데 난 걱정만 돼요. 잘할 수 있을까요?

불안한 마음은 빨리 멈춰야 해.

불안은 늪과 같거든.

심지어 그 늪 속엔 악어들이 득실거린다고!

소망과 기쁨 그리고 노력을 잡아먹는 악어들 말이야.

너는 불안한 마음을 끊을 수 있어. 생각을 멈출 수 있어.

그 대신에 무엇을 해야 할지 떠올릴 수도 있을 거야.

가장 중요한 건 결과를 미리 생각하지 않는 거란다.

그리고 '난 노력하고 있어.'라고 생각하며

편안한 마음을 가져.

어쩌면 네가 걱정하고 불안해하는 일들은 과장돼 있을지도 몰라.

종종 끔찍한 상상들이 너의 마음과 몸을 굳어버리게 만들지만,

그런 일들은 거의 발생하지 않는단다.

마음이 조마조마한 건 준비가 덜 되어서 일지도 몰라.

도망가고 싶을 만큼 두렵고 떨린다면 그 상황을 떠올려 봐.

시험을 보고 있는 너, 발표를 위해 앞에 선 너의 모습을 떠올리고

어떻게 할지 차근차근 마음의 준비를 해두는 건 어떨까?

겁쟁이인가 봐

새로 오신 선생님은 웃는 법이 없어요.
무뚝뚝하게 내 이름을 부를 때 혼날까 봐 무서워요.

학원의 언니, 오빠들이 무서워요.

힘이 센 영찬이는 친구들을 종종 골려줘요.
나한테도 그럴까 봐 무서워요.

꺅! 유령이야!
그런데 바람에 일렁이는 커튼이었어요.

네가 무서워하는 걸 부모님께 이야기하면
대부분 심각하게 생각하지 않으실 거야.
왜냐하면 그것들은 사실 무서워해야 할 게 아니거든.
부모님들도 이미 경험을 해봤단다.
그런데 무서워한다는 건 나쁜 것만은 아냐.
무서움을 느끼면 네 안에서 '조심하자'는
위험 신호를 보내고, 주의를 기울이게 되거든.
네가 무서움을 많이 타는 건 겁쟁이라서가 아냐.
지금은 널 지켜줄 사람이 많지만, 앞으로 스스로 결정하고
독립적인 어른이 되어야 해.
그러려면 무엇을 조심해야 하고, 피해야 하는지,
힘든 상황에선 어떻게 해야 하는지 배워야 하거든.
'힘센 친구를 무서워할 필요는 없지만 방법을 찾아야 해.'라든지
'천둥 번개보다 무서운 건 빨리 달려오는 차'라든지 말이야.
네가 느끼는 무서움들은 앞으로 꿋꿋하게 살아갈 많은 정보를
수집하는 과정이란다.

나의 불안과 두려움은 무엇일까

나를 불안하고, 무섭게 하는 것이 무엇인지 알아보자.

- 친구들로부터 놀림을 받을 때
- 시험이나 발표를 앞두고 있을 때
- 내가 화났을 때
- 꾸지람을 들을 때
- 누군가 소리칠 때
- 친구나 가족들에게 무시당할 때
- 모르는 사람과 마주했을 때
- 대회나 경주에서 졌을 때
- 실수를 하게 됐을 때
- 누군가로부터 미움받을 때
- 발표나 노래하기처럼 사람들의 주목을 받아야 할 때
- 꼼짝하지 않고 조용히 있어야 할 때
- 나보다 잘하는 친구와 있을 때

불안과 걱정은 그만!

그중 내가 가장 피하고 싶은 상황 두 가지를 골라보자.

_____

_____

그런 상황에서 발생할 수 있는 제일 나쁜 일을 상상해 봐.

_____

_____

실제로 그런 일이 생겼니? 한번 비교하고 생각해 보렴.

_____

_____

창피해

- 학교에서 오줌을 쌌어요. 창피해요!
- 친구에게만 말한 비밀이 소문나 버렸어요. 어떡하면 좋아요?

'시간이 약이다.'라는 말 들어봤니?

가만히 생각해 봐. 너 역시 어떤 순간에는

친구의 실수나 잘못을 보고 웃고 놀리기도 했을 거야.

하지만 매 순간, 매일 그 친구의 실수를 생각하지 않아.

시간이 지나면서 그 친구의 새로운 모습을 또 발견하게 되지.

지금 네 친구도 마찬가지거든.

잠깐 웃고 놀릴 수는 있겠지만, 함께 지내는 동안에

또 다른 네 모습을 보며

새로이 기억을 입력하게 될 거야.

열심히 공을 차는 모습, 친구에게 양보하는 모습,

교실 정리를 깔끔히 하는 모습이

네가 했던 실수 위로 덧입혀지게 된단다.

그런데 만약 네가 학교에 가지 않고,

창피하다고 친구들도 안 만난다며 어떻게 될까?

너에 대한 친구들의 마지막 기억은 오줌싸개일 거야.

왜냐하면 그 뒤로 새로이 입력할 기억 거리가 없거든.

지금 당장은 힘들겠지만 용기를 내. 곧 좋은 기회가 올 거야.

부러워

텔레비전에 나오는 멋진 집들이 부러워요.
넓고 깨끗한 집, 많은 장난감, 어떻게 하면 더 잘 놀아줄까 고민하는 아빠…….
그런데 우리 집은 정반대예요.

우리 집도 부자였으면 좋겠어요.
내가 원하는 것도 마음껏 먹고, 내가 사고 싶은 것도 실컷 살 수 있으면 얼마나 좋을까요?

우리 아빠도 큰 회사에 다녔으면 좋겠어요.
우리 엄마도 지아네 엄마처럼 회사에 다녔으면 좋겠어요.

텔레비전에 소개되고 나오는 부러운 집에도
말 못 할 걱정이 있을 거야.
다만 사람들이 보고 싶어 하는 즐거운 모습들만
카메라에 담을 뿐이지.
우리의 마음은 어디로 향해야 할까?
바로 나를 행복하게 하는 방향이야.
다른 사람이나 다른 집이 부러운 건 어쩔 수 없지만,
그러면 행복을 느끼기가 어려워. 감사한 마음도 사라지지.
분장하고 잘 놀아주는 연예인 아빠가 부럽겠지만,
지금 네 곁에 아빠가 있다는 것도 감사하지 않니?
뚝딱뚝딱 맛있는 음식을 해내는
텔레비전 속 엄마들이 부럽긴 하겠지만,
너를 품고 젖을 먹여 기른 너의 엄마와 바꾸고 싶진 않지?
무언가가 더 주어지면 좋겠지만 그렇지 않더라도
이렇게 있어 주는 것만으로도 고마운 거란다.
그리고 기억하렴. 너 역시 가족과 친구들에게
기쁨을 선물할 수 있는 중요한 존재라는 걸 말이야.

부끄러워

- "네가 아기야? 이름도 제대로 말 못해?"
  아빠가 화났어요. 이웃 할머니께서 내 이름을 물어보았는데 대답을 못했거든요.
- 부끄럼도 많고 소심한 나… 정말 걱정이에요.

똑 부러지게 생각을 말하고, 자신감 있게 친구들을 이끌고,
잘하는 걸 뽐낼 수 있다면 얼마나 좋을까?
그런데 말이야, 정말 놀라운 사실이 있단다.
너와 같은 성격의 사람들은
적극적이고 쾌활한 사람들보다 더 주목받고 신뢰를 받는대.
말수가 적은 네가 무엇을 말한다면 굉장히 중요한 내용일 거라고
생각하는 거야.
편을 나눈 치열한 토론에 마침표를 찍는 것도
바로 너와 같은 성격의 사람들이란다.
또 말을 아끼고 신중히 행동하기 때문에 실수도 적어.
비밀도 잘 지켜주고 말이야.
그래서 어느 모임에서나 너와 같은 성격의 사람들이 꼭 필요해.
그들 사이에서 너는 무게 중심이 되어주는 거야.
빠르게 대답하지 못해도 괜찮아. 크게 말하지 못해도 괜찮아.
천천히 말하고, 깊이 생각하고, 신중하게 행동하는 너는
소중하단다.

노력해도 안 돼

중요한 축구 경기였어요.
이 시합에서 골키퍼를 맡은 나는 온몸에 멍이 들도록 공을 막는 연습을 했다고요.
그런데 결국 세 골이나 먹었고, 코치님은 나를 다른 선수와 교체해 버렸어요.
화가 나요. 아무리 노력해도 난 안 되나 봐요.

♥

한자 시험을 잘 보려고 정말 노력했어요.
엄마가 퇴근한 후 같이 공부했는걸요.
그런데 이게 뭐예요… 엄마를 또 실망하게 해 드렸어요.

노력이란 성공의 값진 열매를 따기 위한 사다리 같아.

높이 매달린 커다란 성공의 열매를 따려면

사다리가 길고 튼튼할수록 유리하겠지?

'노력은 배신하지 않는다.'라는 유명한 명언은

우리의 노력을 더욱 격려하지.

그런데 때로는 노력도 배신을 한단다. 예기치 못한 상황이

생기기도 하고, 의욕이 앞선 나머지 실수를 저지를 수도 있어.

인생이란 건 직선도로가 아니란다. 네가 목표하지 않은 곳에서

뜻밖의 성과를 거두기도 해.

몸을 다친 발레리나가 훗날 연기자가 되기도 하고,

수학자가 아름다운 음악을 작곡해내기도 하지.

설령 결과가 실망스럽다 해도 너의 노력마저

실패했다고 생각하면 안 돼.

네가 성공이 아니라 성장의 달인이 되었으면 좋겠어.

작은 성과라도 충분히 기뻐하고, 지난번보다 더 노력했다는

사실에 자신을 격려해 봐.

그렇지 않다고 해도 괜찮아. 넌 이렇게나 노력해 봤잖니.

그럼, 뭐든 잘할 수 있어.

'할 수 있다'는 자신감을 가져

'피겨 요정' 김연아 선수를 알고 있니? 피겨스케이트를 예술의 경지로 끌어올려 전 세계의 찬사를 받았던 선수야.

원래 피겨스케이트는 백인 선수들의 독무대였고, 우리나라 선수들은 국제무대에 거의 설 수 없었단다. 좋은 시설도 지원도 턱없이 부족했지.

김연아 선수는 대단한 노력을 했어. 빙상장을 구하지 못해 한겨울 얼어붙은 논바닥에서 연습을 하기도 했고, 발에 맞는 스케이트가 없어 테이프를 발에 감고 연습하기도 했어. 한 번의 비상을 위해 1천 번의 점프를 하고, 한 동작만 1만 번 넘게 연습했어.

김연아 선수가 새로운 동작을 익혀나가던 때를 생각해보자. 존경하는 선배 선수들도 새로운 동작을 해 본 적이 없대. 가르쳐주는 선생님도 성공하지 못했대. 그런데 김연아 선수는 어떻게 단 한 번도 성공하지 못한 것을 위해 그토록 노력할 수 있었을까?

바로 '할 수 있다'는 자신감이 있었기 때문이야. 아직 한 번도 해낸 적 없지만 꾀부리지 않고 성실히 해 온 자신을 믿었던 거야. '나라면 할 수 있어.'라고 말이야.

노력에 관한 고사성어

☆ 대기만성 ☆

大 큰대   器 그릇기   晩 늦을만   成 이룰성

큰 사람이 되기 위해서는 많은 노력과 시간이 필요하다.

☆ 마부작침 ☆

磨 갈마   斧 도끼부   作 지을작   針 바늘침

도끼를 갈아 바늘을 만든다는 말로, 아무리 어려운 일이라도 꾸준히 노력하면 이룰 수 있다는 뜻.

☆ 고진감래 ☆

苦 쓸고   盡 다할진   甘 달감   來 올래

고생 끝에 낙이 온다.

인기가 없어

💛 모둠 조를 짤 때면 가슴이 방망이질해. 나를 끼워줄 친구들이 있을까?

💛 난 인기가 없어.

어떤 친구들이 인기가 있을까?

춤을 잘춰서 장기자랑 시간에 뽐내는 친구도 있고,

공부를 잘하거나 친구들에게 친절한 친구도 인기가 많을 거야.

모두 부러워하겠지만 모든 친구가 인기가 있지는 않아.

그렇게 눈에 띄는 친구들을 보는 대부분의 친구는

어떤 마음일까?

아마도 너랑 크게 다르지 않을 거야.

그런데 말이야. 그저 그런 우리 모두에게는

보석 같은 매력이 감춰져 있어.

물론 인기가 많으면 그 나름대로 좋겠지만

마음이 딱 맞는 친구와 깊은 우정을 나누는 것만큼

소중한 건 없단다.

모든 친구와 잘 지낼 순 없어.

소곤소곤 속삭이며 네 마음을 이야기하고,

또 들어줄 수 있는 친구가 있을 거야.

그렇지 않다면 네가 그런 친구가 되어주는 건 어떨까?

친구와 싸웠어

♥

친한 친구랑 싸웠어요. 다음 날이면 괜찮을 줄 알았는데
나를 보고 고개를 홱 돌려요.

♥

친구랑 며칠 동안 말을 안 하고 지내요.
미운 마음도 들지만 화해하고 싶어요.
그런데 내가 먼저 말하자니 용기가 없고 속상해요.
친구가 먼저 말을 건네주면 좋은데…….

단짝 친구일지라도 나랑 성격도, 생김새도,
가정환경도 똑같지 않아.
그래서 서로의 마음을 이해하지 못하고 다투게 된단다.
'비 온 뒤에 땅이 굳는다.'라는 속담을 들어봤니?
어려운 상황을 겪어야 더욱 좋아질 수 있다는 뜻이야.
우정도 마찬가지란다.
싸우고 나면, '그 친구는 왜 화가 났을까?'
화가 나기도 하고 궁금증도 들어.
그리고 그 친구는 어떤 마음이었을지를 헤아려보게 되는 거야.
그러면 마냥 친하고 좋았을 때는 몰랐던 사실들을
깨닫게 된단다.
화해하고 싶을 땐 솔직하게 이야기하는 게 좋아.
그러고 나면 두 사람의 우정은 전보다 더 깊어질 거야.
설령 그렇게 되지 않았다 해도 낙심하진 마.
이런 일을 겪으면서 너와 잘 맞는 또 다른 친구를
찾을 수 있을 테니까 말이야.
그리고 먼저 화해를 청하는 건 용기 있는 행동이란다.
그것만으로 넌 칭찬받아 마땅해.

말을 잘하고 싶은데……

나도 친구들처럼 말을 또박또박 잘하고 싶어요.

발표 시간엔 왜 귀부터 빨개질까요? 귀에 들리는 내 목소리도 이상해요.

친구들이 재밌게 이야기하고 있어요. 나도 같이하고 싶은데 어색해요.

친구가 이야기를 시작하면 쏙 빨려 들어갈 거 같아요.
어쩜 그렇게 재미있게 말할 수 있죠?
교실이 화기애애해져요.
나도 친구처럼 재밌게 이야기하고 싶어요.

네가 생각처럼 말을 잘할 수 없는 건

아마도 마음이 편안하지 않아서일 거야.

많은 친구의 주목을 받게 되면 긴장이 되거든.

그럼 머릿속이 하얗게 되고 입 밖으로 나오는 말이 꼬여 버려.

사람들이 날 어떻게 생각할까, 내 말을 어떻게 받아들일까,

실수하면 어떡하지 걱정스런 마음이

네가 하고 싶은 말보다 앞서는 거야.

가장 좋은 방법은 네가 하고 싶은 말에 집중하는 거란다.

결국 말이란 건 의견을 전하는 방식이야.

네가 무엇을 생각하는지, 어떤 걸 전하고 싶은지에 집중해 봐.

어렵다면 상황을 떠올리면서 먼저 연습해 보는 것도 좋아.

그런데 더 중요한 게 있어.

말을 잘 하려면 잘 들어야 한단다.

다른 사람의 의견에 귀를 기울이고,

그 말을 따라 함께 느끼다 보면

네가 하고 싶은 말도 불쑥 떠오를 거야.

너무 서두르지 마. 너무 걱정하지 마.

친구와 좋은 관계를 맺는 방법

☆ 친구의 장점을 칭찬해주렴.

너도 칭찬받으면 으쓱하고 기분이 좋지? 친구도 마찬가지거든. "내 장점을 알아봐 주는구나." 하면서 고마워할 거야.

★ 친구와 닮은 점을 찾아보렴.

공통점을 찾으면 친구 맺기가 더 쉬워. 친밀감을 느끼게 되거든.

☆ 한 발 물러설 때도 있어야 해.

네 마음의 너그러움을 보여줘. 그러면 친구도 안심하고 너를 더 가까이하게 될 거야.

★ 선생님께 고자질하기보다는 친구를 이해하고 믿도록 노력해 봐.

물론 대단히 옳지 못한 일에 대해서는 친구에게 부드럽고도 단호하게 말할 수 있어야 해.

☆ "고마워.", "미안해."라고 말해 봐.

간단한 말이지만 친구 관계를 더욱더 부드럽게 만들어준단다. 상냥한 인사와 예절도 잊지 마.

우정에 관하여

세상 모든 우정이 좋은 건 아니야. 함께 나쁜 짓을 하며 위험한 길로 빠져드는 나쁜 우정도 있지. 또 이익을 바라며 맺은 관계는 금방 깨지고 말아.

무려 2천 년 전에 쓰인 《우정에 관하여》라는 책이 있어. 로마의 철학자인 키케로가 죽은 친구와의 우정을 되새기며 쓴 책이야. 아직도 많은 사람이 이 책을 읽으며 우정을 생각한단다.

키케로는 진정한 우정은 착한 마음을 가진 사람들만이 가능하다고 했어. 그런 우정을 바란다면 나부터 좋은 사람이 되어야겠지?

만약 단 한 명의 친구와 우정을 나눠야 한다면 그 친구는 어떤 사람이었으면 좋겠니?

어릴 적부터 사귀어온 친구들이 누가 있는지 떠올려 볼까?

65

짜증 나

♥ 나도 왜 그런지 모르겠어요. 쉽게 짜증이 나고 삐치게 돼요.

♥ 신경질이 나서 '꽥' 소리를 질러버린 적도 있어요.

누구나 마음속에 고슴도치 한 마리씩 기르고 있단다.
다만 어떤 상황에서, 가시를 얼마나 뾰족하게
세우는지가 다를 뿐이지.
같은 일도 너그럽게 넘기는 사람이 있는가 하면
예민한 사람들은 금방 반응해.
그래서 예민한 성격은 나쁘다고 오해 사기가 쉽지.
그런데 예민한 게 과연 나쁜 걸까? 그렇지 않아.
예민한 사람은 주변 파악 능력이 빨라서
나쁜 상황을 금세 알아채고 벗어난단다.
작은 감정도 소홀히 하지 않기 때문에
다른 사람의 입장에서 잘 공감하지.
독창적이고 관찰력도 뛰어나서 예술적 감성이 높은 편이야.
네가 좀 예민해도 괜찮아. 대신에 부드럽게 말해보자.
"싫어.", "짜증 나.", "그만둬."가 아니라
"난 ○○ 게 했으면 좋겠어.",
"내 생각엔 ○○가 좋을 거 같아."라고 말이야.
그럼 누구에게도 상처 주지도, 화내지도 않고
네 뜻을 전할 수 있을 거야.

내 맘은 갈팡질팡

💛 "얼른 골라!" 엄마가 재촉하는 소리 싫은 데도 빨리 못 고르겠어요.

💛 갈팡질팡 결정을 잘하지 못하는 나, 답답이 맞죠?

너는 아주 신중하고 깊이 생각하는 성격을 가졌구나.

이건 극복해야 할 단점이 아니라 잘 키워야 할 장점일 수도 있어.

만약 네가 폭발물 제거 반이 됐다고 생각해 볼까?

복잡한 전선으로 연결된 폭발물은 전원선을 골라 끊지 않으면

곧 터져버려.

그런데 시간에 쫓긴다고 아무 선이나 골라 확 끊어버린다면

어떻게 될까?

아마도 폭발물은 터져버릴 거야.

신중하고 정확하게 전원선을 골라서 끊어낼 수 있는

너의 판단력과 기술이 필요해.

그러면 넌 많은 시민을 구하는 영웅이 될 수도 있지.

빨리 그리고 정확히 하는 건 대단히 어려운 일이란다.

많은 연습과 과정이 필요하지만 둘 중 무엇도 덜 중요하진 않아.

그러니까 걱정하지 마.

너는 빠르게 하는 법보다는 신중하게 결정하는 법을

먼저 배우고 있을 뿐이야.

여러 번 선택을 하다 보면 빠르게 멋진 결정을

내릴 수 있을 거야.

억울해

💛 할머니는 오빠가 최고래요. 세뱃돈도 오빠는 만 원, 나는 오천 원.

💛 거실을 어지럽힌 건 오빠인데 나보고 치우래요! 억울해요!

정말 속상하겠구나.

차별하는 건 잘못된 행동이야.

그건 어른들에게도 견디기 힘든 일이야.

그런데 때로는 '차별받는다'는 게 너만의 느낌일 수도 있어.

할머니가 봤을 땐 오빠가 나이도 많고 돈이 더 필요하기 때문에
너보다 세뱃돈을 더 줄 수도 있고,

거실은 함께 사용하는 공간이니까 누구라도 먼저
정리하기를 바라실 수도 있거든.

그래, 바로 대화가 필요해.

네가 원하는 것을 정확하게 이야기하고,

할머니의 의견을 한번 들어봐.

만약 정말 차별하셨다면 똑 부러지는 너의 말에 뜨끔하실걸.

그렇지 않다면 서로 오해를 풀 수 있을 거야.

너에겐 차별받지 않을 권리가 있어. 용기를 내.

다들 무시해

난 몹시 화가 났어요!
생일 선물로 강아지를 갖고 싶다고 했는데, 아빠는 강아지 인형을 사 왔어요.
"진짜 강아지 사줘요!" 소리를 지르고 울음을 터뜨렸어요.
결국 아빠에게 혼이 나고, 생일 파티는 엉망이 되고 말았어요.

내가 결정할 수 있는 게 없는 거 같아요.
난 무시받고 있어요.

몹시 슬픈 생일이었겠구나.

강아지 선물도 못 받고 혼나기까지 했으니 말이야.

너에겐 분명 결정권이 있어.

그런데 결정권이란 건 책임과 비례한단다.

큰일을 결정하려면 많은 걸

책임지고 감당할 수 있어야 해.

강아지는 장난감과 달라서 놀다가 질려도 버릴 수 없어.

먹이고 씻기고 여러모로 돌봐줘야 해.

마치 아기를 키우는 것처럼 말이야.

아마도 아직은 네가 강아지를 온전히 책임질 수 없다고

생각하셨을 거야.

가족은 공동체란다.

서로 사랑하지만 함께 평화롭게 살기 위해

배려와 양보가 필요해.

그런데 너의 주장만 펼친다면 그건 떼쓰는 게 되어 버려.

강아지가 정말 갖고 싶다면

약속을 잘 지키고 책임감도 있는 모습을 보여드려 봐.

울며 떼쓰는 것보다 네 의견이 더 잘 전달될 거야.

자존감만큼 중요한 인품

전기가 없던 시절, 미국의 한 마을에서 있었던 일이야. 아름답고 귀한 등을 누가 집 밖에 내놓은 거야. 그때 사람들은 등을 소중히 여겨서 당연히 집안에 놓고 사용했거든. 그런 등을 집 밖에 내어놓다니, 마을 사람들은 비웃었단다. '누가 저런 낭비를 한담.' 하면서 말이야.

그런데 얼마 뒤에 사람들은 깨달았어. 어둠 속에서 집 밖을 우두커니 비추는 그 등불 덕분에 밤에 길을 잃지 않는다는 사실을 말이야. 멀리서도 그 빛을 보며 방향을 찾을 수 있었고, 장애물을 피할 수도 있었어. 그제야 마을 사람들도 하나, 둘씩 집 밖에 등을 놓기 시작했단다. 이 마을은 미국에서 가장 먼저 밤길을 환하게 만든 안전한 마을이 되었어.

그 귀한 등을 집 밖에 내어둔 사람은 벤저민 프랭클린(1706년~1790년)이란다. 미국 사람들은 그를 '미국의 아버지'라 불러. 그리고 가장 큰 화폐인 100달러 화폐에 그의 얼굴을 새기고 존경을 보낸단다.

사실 그는 대단한 사람이야. 17 남매 중 열다섯 번째로 태어나 지독한 가난 속에서도 성실히 공부했지. 그래서 정치인, 외교관, 과학자, 사업가로 여러 면에서 뛰어난 성공을 거두기도 했어. 성공한

★ 벤저민 프랭클린 ☆

벤저민 프랭클린은 당시 최고라 하는 사람들을 많이 만났어. 하지만 이내 실망하고 말았지. 돈이 많고 높은 자리에 있는 사람들이라고 해서 훌륭한 사람은 아니란 걸 알았거든.

그래서 벤저민 프랭클린은 번 돈을 학교, 도서관, 소방서와 병원을 짓는 데에 사용했어. 또 발명품에 대한 특허를 포기하고 모두가 무료로 사용하도록 했어. 벼락을 막아주는 피뢰침이나 다초점 안경 등이 그것이란다.

그의 목표는 단 하나였어.

'훌륭한 인격자가 되겠다.'

그래서 13가지 덕목을 만들고, 죽을 때까지 열심히 실천했어. 절제, 침묵, 규율, 결단, 절약, 근면, 성실, 정의, 중용(어느 한쪽으로 치우치지 않음), 청결, 평정(공평한 태도), 순결, 겸손을 수첩에 적어 매일 살폈단다.

그 뒤로도 미국에서는 위대한 정치인, 뛰어난 발명가들이 많이 탄생했어. 그럼에도 불구하고 300년 전 사람인 벤저민 프랭클린을 기억하는 건 그의 인품 때문이야.

인품이란 바로 이런 거란다. 자기 안의 등불을 밖에 내어두는 것, 그래서 캄캄한 밤길을 지나는 사람들에게 빛이 되어주는 거 말야.

이렇게 해 봐요

: 행동 훈련

느릿느릿 굼벵이라고?

- 아침 등굣길에, 외출할 때 가장 많이 듣는 말 '빨리빨리.'
- 나는 꾸무럭거린대요. 왜 빨리하지 못할까요?

아마도 네가 감각이 활짝 열려 있어서 그런 거 같아.
양치를 하다가도, 바지를 입다가도 문득 다른 생각이 나서
딴짓을 하게 되지.
혹은 느릿느릿한 느긋한 성격이라 그럴 수도 있어.
어쩌면 네가 옳은 걸지도 몰라. 어른들은 너무 바쁘게 살거든.
식사를 하면서 휴대폰을 보고 라디오를 듣고, 걸으면서도
'어떤 길이 더 빠를까.'라면서 갑자기 걸음을 재촉하고 말이야.
어른들은 이제 그런 빠른 것에 익숙하거든.
날마다 반복되는 생활이 되어버려서
무얼 준비하거나 새로운 것을 잘 느끼지 않아.
하지만 약속된 시간이란 게 있단다.
빨리빨리 준비하는 게 어렵다면,
일부는 전날에 해두면 좋겠어.
그리고 머릿속에 순서를 그려보는 거야.
'세수하고, 골라둔 옷을 입고, 밥을 먹고, 양치하면 되겠다.'
이렇게 말이야.
서두르라는 재촉을 받지 않고 스스로 계획을 세워 준비한다면
아주 뿌듯할 거야.

완벽해지고 싶어

예쁜 쿠키를 만들고 싶었단 말이에요.
못난 반죽을 보니 너무너무 속상해요.

동생이 끼어들어서 만들기 모양이 틀어지고 말았어요.
다 망쳤어요.

머리가 헝클어져서 자꾸 신경이 쓰여요.

책상이 깔끔하게 정리정돈이 안 되면 마음이 편치 않고 계속 책상이 떠올라 공부가 안돼요.

아마도 넌 무슨 일을 해도 꼼꼼히 해내는 아이일 거야.

그것을 만들어내기까지 과정 하나하나 얼마나 공을 들였을지를

생각하면 너의 집중력과 노력을 칭찬해주고 싶어.

'결과보다 과정이 중요하다.'는 말을 많이 들어봤지?

하지만 과정이란 건, 목적을 위해 있는 거란다.

쿠키는 왜 만드는 걸까?

그래, 맛있게 먹고 나눠 먹기 위한 거야.

네가 만든 쿠키를 너도 먹고 가족들에게 나눠주면

입도 즐겁고 마음도 뿌듯하지.

그런데 과정 과정에만 신경을 곤두세우면, 목적을 잊게 돼.

반죽 색깔이 맘에 안 들고, 삐뚤어진 모양만 보인다면

쿠키를 다 구워내도 즐길 수가 없거든.

조금 느긋하게 생각해.

'다음엔 예쁘게 만들지 뭐.', '모양은 이래도 맛은 좋은걸.'

하면서 말이야.

꼼꼼하고 완벽한 과정도 좋지만

그것을 왜 하려 했는지, 목적을 기억하렴.

자꾸 거짓말이 나와

♥ 선생님께 혼날까 봐 자꾸 거짓말을 하게 돼요.
♥ 엄마를 기쁘게 해주고 싶어서 선생님께 칭찬받았다고 거짓말을 했어요.

사람은 누구나 자신을 보호하고 싶은 마음이 있어.

그래서 종종 거짓말이란 방패를 만들어서 뒤로 숨게 되지.

그런데 그건 튼튼한 성처럼 널 지켜줄 수 없는,

종이에 불과하단다.

금세 진실의 물에 젖어 찢어지고 말 거야.

물론 때론 성공하는 거짓말도 있지.

네 거짓말을 누구도 눈치채지 못하는 경우처럼.

그런데 말이야, 그런 때에 너는 행복하다고 느끼니?

절대 그렇지 않을 거야.

우리 안에는 양심이란 녀석이 있어서

눈을 동그랗게 뜨고 바르게 행동하는지를 늘 살피거든.

스스로 자랑스럽고 행복하려면 양심을 속이지 말아야 해.

그럼 어떻게 하는 게 좋을까. 그래 답은 하나밖에 없어.

진실해지는 거야. 진실이란 거짓이 없는 순수한 마음을 뜻해.

진실하게 되면 어른들로부터 꾸지람을 듣게 될지도 몰라.

하지만 그 역시 네가 저지른 일에 대해 책임지는 행동이야.

잘못의 값을 당당하게 치르는 거라고. 그것도 큰 용기란다.

재미가 없어

♥

재미있던 영어도, 선생님도 다 싫어졌어요.
기운이 쭉 빠져요. 왜 그러는 거죠?

♥

대충하고 싶어요. 노력하고 싶지 않아요.

♥

친구랑 노는 것도 지겨워요.
텔레비전 보고 게임이나 실컷 하면 좋겠어요.
다 재미없어요.

혹시 네가 지쳐있는 건 아닌지 무척 걱정되는구나.

그럴 때가 있어.

어려운 게 계속 반복되는 것 같고, 더 나아질 것 같지 않을 때

사람은 힘을 잃어. 기분도 가라앉게 되지.

지독한 감기에 걸리면 아무것도 할 수 없지?

너무 아픈 나머지 내가 언제 건강히 뛰어다녔었나 싶고,

숙제를 할 수도 친구랑 놀 수도 없어.

지금 네 마음이 그런 상태에 처한 거야.

대부분의 감기는 며칠 앓으면 언제 그랬냐는 듯 털고 일어나지만

어떤 경우 더 심한 병을 가져와.

더우이 마음이 아픈 것은 눈으로 보이지 않기 때문에

약을 먹을 수도, 잘 보살필 수도 없단다.

아플 땐 잘 쉬고 잘 먹는 게 최고인 것처럼

마음에도 휴식과 영양이 필요해.

'괜찮아 잘하고 있어.'라며 너를 듬뿍 칭찬해 줘.

숙제나 해야 할 일은 어떻게 하느냐고?

조금 못해도 돼. 그동안 정말 수고했어.

마음 건강 진단법

감기에 걸리면 체온을 재고 코와 입을 들여다보지? 마음도 아프지 않은지 살펴볼 수 있는 방법이 있단다. 부모님과 함께 체크해 보도록 해.

- ☐ 예전과 달리 작은 일에도 짜증이 난다.
- ☐ 멍하니 있는 시간이 길어지고, 공부하기가 어렵다.
- ☐ 뚜렷한 증상이나 이유 없이, 몸이 계속 피곤하다.
- ☐ 기운이 없고 입맛이 없다.
- ☐ 친구들과의 놀이도 즐겁지 않다.
- ☐ 나쁜 말을 뱉거나 폭력적으로 행동한다.
- ☐ 기분이 아주 좋았다가도 갑자기 나빠지고 슬퍼진다.

세 가지 이상이 해당한다면, 마음의 감기에 걸렸을 수 있으니 부모님과 상의해 보도록 하자.

지친 마음에 힘을 불어넣는 방법

☆ 마음을 가장 편하게 해주는 사람과 만나렴.
친구도 좋고, 할머니를 만나러 가도 좋아.

★ 솔직한 일기를 써보자.
너만이 볼 수 있는 일기장에 떠오르는 네 마음을 적어 봐. 한결 후련해질 거야.

☆ 밖에 나가서 햇볕을 쬐자.
공놀이를 하거나 가벼운 산책은 어떠니? 학교를 오갈 때 잘 다니지 않았던 새로운 길을 걸어보는 것도 좋아.

★ 분명 너에겐 자랑스러운 게 있을 거야.
상장을 다시 읽어보거나, 열심히 공부했던 공책을 펼쳐봐. 유치원에서 만든 활동집을 구경하는 것도 기분 전환에 도움이 될 거야.

☆ 개운하게 목욕을 하고 거울을 봐.
네 이름을 부르면서 외쳐 보렴. "○○야 정말 사랑해."라고 말이야. 감기 걸린 마음에 좋은 치료제가 될 거야.

시키는 대로 하기 싫어

- 학교에, 학원에, 숙제에 온통 해야만 하는 거로 가득해요.
- 시키는 대로 하는 거, 정말 싫어요.

같은 일이라도 누가 시켜서 하면 보람이 확 줄어.

너는 분명 인격체고 너의 의견은 존중받아야 해.

하지만 해야 할 일을 언제까지나 외면할 수는 없어.

그럼 이제 작은 것부터 스스로 해보면 어떨까?

예를 들어 "숙제 다 했니?"라는 말을 듣기 전에 먼저 하고,

밥 먹고 바로 양치질도 하고,

만들기 과제가 좀 어렵더라도 혼자 해보는 거야.

이건 칭찬을 받기 위해서가 아냐.

네가 너를 믿고 더 사랑하기 위한 일이야.

'나 혼자 해낼 수 있구나.',

'오늘도 내 마음이 계획을 잘 지켰구나.'

하면서 성취감을 느끼는 거야.

그러면 너는 더욱 당당해질 수 있고,

원하는 것과 원하지 않는 것을 부모님께도 잘 말할 수 있게 돼.

부모님 역시 너의 행동 변화를 통해 성장했다는 걸 느끼고,

네 의견을 존중해주실 거야.

네가 보여줄 수 있는 능력이 훨씬 많다는 걸 기억하렴.

왜 양보해야 해?

♥

장난감은 동생에게 양보하고, 그네는 친구에게 양보하고……. 나만 양보하라고 해요?

♥

왜 자꾸 양보하라고 해요? 양보하는 건 손해 본다는 뜻 아닌가요?

♥

형에게는 내가 동생이라고 참으라고 하고, 동생에게는 내가 형이니까 이해하라고 하고……. 나도 참을 만큼 참았어요.

이제 넌 세상에서 가장 소중한 존재라는 걸 깨달았을 거야.

너에 대한 믿음과 사랑을 지키기 위해 노력해야 한다는 것도

알았을 테고.

그럼 다른 사람들은 어떨까?

맞아, 너처럼 다른 사람들도 저마다 소중하단다.

너도 양보받아본 기억이 있지?

그러면서 고맙다고 인사했을 테고.

나처럼 다른 사람들도 소중하다는 생각이 없다면,

우리 사회는 무서운 동물들이 우글거리는 정글과도 같을 거야.

힘이 센 사람이 이기고, 무서운 사람이

제일 좋은 것들을 차지해 버리겠지.

그래서 사람들은 아주 오랜 시간에 걸쳐 질서를 만들었지.

또 나보다 약하고 어린 사람을 위하자는 마음을 키워왔어.

다른 사람에게 좋은 걸 베풀면 그것이 언젠가

내게도 돌아올 거라는 믿음으로 말이야.

당장엔 손해 보는 것 같지만

아름다운 마음으로 베푸는 거지.

그러면 네 마음도 더 넓어지고, 아주 예쁜 꽃이 피어날 거야.

또 잃어버렸어

반소매 옷을 잃어버렸어요. 내일 입고 가야 하는데!

오늘도 지각이에요! 어젯밤 늦게까지 미술 숙제를 했거든요.
헐레벌떡 학교에 갔는데, 세상에나! 미술 숙제를 두고 왔어요.
집엔 아무도 없는데……. 너무 속상해요.

자꾸 잃어버리고 덤벙거리는 내가 마음에 안 들어요!

이른 아침 놀이터에 주인을 잃은 점퍼나 모자, 가방이 종종 보여.

너뿐만 아니라 누구나 하는 흔한 실수란 뜻이지.

어린이들은 어른들만큼 생활 습관을 익히지 못했어.

한 번에 여러 가지를 생각하고 주의를 기울일 만큼

자라지 못했거든.

그래서 무언가에 열중하다 보면 다른 걸 깜빡 잊게 돼.

놀다 보면 학원 시간도 잊을 수 있고,

얼른 집에 갈 생각에 미처 물건들을 못 챙기기도 하지.

이럴 땐 후회스럽고 스스로가 밉겠지만

그건 좋은 방법이 아니란다.

다른 상황에서도 마찬가지야.

자신을 원망하고 후회하는 대신에

반성하고 다짐하는 게 더 좋겠지?

마음이 조금 쓰리겠지만 이렇게 하나하나 익혀가는 거란다.

그 경험들이 쌓이면 좋은 생활 습관을 만들어갈 수 있어.

자존감은 나누는 것

이웃과 아낌없이 나누고, 사회에 크게 이바지한 사람들도 많단다. 이탈리아의 메디치 가문은 학자와 예술가들을 후원했어. 그 결과 서양 문화를 크게 부흥시킨 르네상스 시대를 열었다고 평가받아. 우리나라의 경주 최씨 가문은 오랫동안 존경받아왔어. '흉년엔 재물을 불리지 말고, 사방 백 리 이내에 굶는 사람이 없도록 하라.'는 지침을 300년 넘게 실천했단다. 그리고 마지막엔 막대한 재산을 독립운동 자금으로 기부했어.

하지만 나눈다는 건 반드시 가진 사람들만이 할 수 있는 건 아냐. 어느 날 부처님께 한 남자가 찾아왔어. 자기 인생은 되는 게 하나도 없다며 한탄했지.

그러자 부처님이 "나누지를 않아서 그런다."고 답하셨어. 남자는 화를 냈어. "빈털터리인데 대체 뭘 나눠주라는 거냐."며 말이야.

부처님은 "넌 이미 나눌 수 있는 7가지가 있다."고 하셨어.

"미소, 좋은 말, 넓고 맑은 마음으로 상대를 편안하게 하는 것과 자비롭고 따뜻한 눈길, 친절하게 남을 대하거나 도와주는 것, 다른 사람에게 자리를 양보하고, 머물 곳 없는 사람에게 쉴 곳을 마련해 주는 것이다." (《잡보장경》중)

부처님의 말씀에 깨달음을 얻은 남자는 그 길로 나눔을 실천하기 위해 떠났대.

난 무엇을 할 수 있을까?

너에게 나눠 줄 수 있는 건 무엇이 있니?

_____

그것을 누구와 나누고 싶니?

_____

누구를 돕거나 양보했을 때를 떠올려 봐. 그때의 기분은 어땠니?

_____

하지만 정 내키지 않을 땐 양보하지 않아도 돼. 대신에 이유를 잘 설명해주겠니? "초콜릿이 하나밖에 없어서 안 되겠어.", "오래 기다렸으니까 이번엔 내 차례거든." 이렇게 말이야.

착한 아이가 되어야 해?

- 친구들처럼 장난도 못 치고, 어른들이 싫은 걸 시켜도 '네!'
- 착한 아이라고 칭찬받는 건 좋지만, 착한 아이가 되어야 해요?

'착한 아이가 되어야 한다.'

부모님과 선생님, 할머니, 할아버지와 많은 어른에게

가장 많이 들은 말일지도 몰라.

그래, 착한 아이가 되지 않아도 돼.

네 마음이 답답하고 내키지 않으면 그렇게 해도 돼.

그렇게 하기 싫다면 분명 네게 이유가 있을 테니까 말이야.

누군가에게 착하게 보이기 위해 노력하지 않아도 돼.

모든 것에 "네."라고 답할 필요도 없어.

넌 지금의 너에게 충실하면 돼.

그런데 다른 사람에게 귀 기울이지 않고,

네 마음만 들여다본다면 네가 좀 외로워질 수 있거든.

너에게 도움이 되는 좋은 말들도 무시한다면

아픈 결과들을 맞이하게 될 수도 있어.

착한 아이가 되려고 노력할 필요는 없지만,

스스로 일을 책임지는 건 중요해.

다른 사람의 마음을 생각하고 배려하는 것도 필요하지.

그게 바로 훌륭한 사람으로 커나가는 거란다.

거절하기 어려워

💛 어떡하죠? 친구들이 유리를 따돌리자고 해요.
놀이도 잘하지 못하고, 바보 같대요.
내가 유리와 이야기하니까 친구들이 막 흘겨봐요.

친구를 따돌리고, 괴롭게 하는 건 나쁜 일이야.

너도 그리고 함께 따돌리자고 말하는 친구들도

그 사실을 잘 알고 있어.

그런데 막상 이런 일이 닥치면 고민이 되지?

네가 유리 편을 들거나 친구들의 나쁜 속삭임을 거절했다가

너마저 따돌림받을 수 있으니까.

그런데 말이야. 넌 결코 작은 존재가 아니란다.

너의 올바른 판단이 많은 것을 바꿀 수 있어.

외롭고 슬픈 유리에게 고마운 친구가 되어 줄 수 있고,

반의 분위기를 바꿀 수도 있지.

그리고 무엇보다 마음의 소리를 따라 실천한

너 자신에게 떳떳할 수 있단다.

그건 아주 중요한 거야.

이리저리 휩쓸리는 사람이 되지 않겠다는 선언이거든.

이런 일을 통해 '나는 용기 있는 사람이야.'라는 걸 깨달으면

앞으로도 많은 일을 잘 헤쳐나갈 수 있다는

믿음이 생기니까 말이야.

어떻게 해?

어떤 아저씨가 강아지를 잃어버렸대요. 나한테 같이 찾으러 다니자고 부탁해요.
강아지를 찾으면 아저씨 집에서 함께 텔레비전도 보고 강아지랑 놀 수 있대요.

이웃집에 잘 아는 형이 있어요. 같이 병원 놀이를 하자는데, 옷을 다 벗고 해야 한대요.

어른들이 집에 안 계시는데, 어떤 아줌마가 벨을 눌렀어요. 화장실이 급하다며 문을 열어달라는데 어떻게 하죠?

우리가 사는 이곳에는 곳곳에 늑대가 숨어 있어.
어린이를 노리는 늑대들은
사납거나 무섭게 다가오는 것만은 아냐.
때론 불쌍해 보이거나 혹은 아주 친절한 얼굴을 하고 있지.
그래서 네가 잘 구별해야 해.
일단, 어른들은 어린이들에게 도움을 요청하지 않아.
그건 다른 어른들과 협력해야 하는 문제거든.
그런데 늑대들은 여러 가지 말로 꾀어내 옷을 벗게 하거나
몸을 만지도록 한단다. 이건 아주 조심해야 할 상황이야.
우리가 크게 다치면 상처가 나듯이, 이런 일을 겪으면
오랫동안 마음에 상처가 날 수 있거든.
기분이 나쁘고 안 좋은 마음이 든다면
넌 즉시 그 자리를 빠져나와야 해.
그 사람이 실망하진 않을까 조금도 생각하지 마.
괜찮은 사람이라면 너를 이해할 것이고,
늑대라면 아쉬워하겠지만 말이야.
"싫어요!", "안 돼요!"를 단호하게 말할 수 있어야 해.
네 몸의 주인은 너야. 네가 지켜야 한단다.

어린이를 사랑한 위인들

방정환
(1899년~1931년)

" 어린이는 어른보다 한 시대 더 새로운 사람입니다.
어린이 뜻을 가볍게 보지 마십시오. "

방정환 선생님은 일본이 통치하던 엄혹한 시대에 어린이들을 위해 애쓰셨어. 헐벗고 굶주리는 어려운 상황일수록 아이들이 보호받고 존중받아야 한다고 주장하셨지. 꼬마, 아동을 높여서 '어린이'란 단어를 처음 만든 분이야. 어린이날도 이분께서 만드셨단다.

페스탈로치
(1746년~1827년)

" 잘 교육받아 순수하고 기품 있는 인격은
인간의 위대함을 발산한다. "

지금과 달리 예전에 아이들은 멸시받고, 강제로 일을 하고, 팔려 가기도 했단다. 철학자이자 교육운동가였던 페스탈로치는 어린이들도 존중받아야 할 인격체라고 외쳤어. 그러한 교육 방법을 만들어 널리 알렸단다. 고아원을 세워 부모 없는 아이들의 보호에 힘쓰기도 하셨지.

세계의 어린이날

☆ **터키의 어린이날**

터키는 독립기념일과 어린이날을 함께 지정해서 큰 축제를 벌인 단다. 특히 이날엔 어린이들이 직접 투표를 해. 어린이 대통령과 행정가들을 선출하는 거지. 어린이들 손에서 탄생한 어린이들의 대표는 어린이 정책을 의논한대.

★ **어린이날이 없는 나라**

미국과 영국, 프랑스 같은 나라에서는 어린이날이 따로 없단다. 어린이는 날짜 구분 없이 항상 존중받고 사랑받아야 한다고 생각하기 때문이래.

☆ **국제아동절 6월 1일**

6월 1일은 2차 세계대전 중에 어린이들이 슬프게 희생된 날이야. 그래서 1949년 이날을 국제아동절로 지정하고, 어린이들을 행복하게 해주자고 다짐했어. 중국과 러시아, 북한 등에서는 이날을 어린이날로 기념하고 있어.

친구가 미워

- 나만 괴롭혀요. 이름을 갖고 놀리고, 친구들 앞에서 망신을 줘요.
  하지만 어떻게 할 수가 없어요.
  걔는 학급 회장이고 나보다 키도 크고 힘도 세단 말이에요.

"괜찮아. 별일 아니야. 곧 지나갈 거야."라고 말하기엔
지금의 네가 겪는 고통이 크구나.
그런데도 네가 갚아주지 않는 건 이유가 있어. 단지 네 체구가
좀 작고, 따르는 친구들이 없어서 그런 것만은 아냐.
마음만 먹으면 골탕 먹일 비겁한 방법도 얼마든지 있으니까.
하지만 네가 그렇게 하지 않는 건 마음의 양심 때문이란다.
'나도 그렇게 한다면, 똑같이 나쁜 아이가 되지 않을까.'
하는 생각 말이야.
그래. 그 친구에겐 힘이 있지만 너에겐 양심과 품격이 있어.
사람에게 품격은 힘보다 더 강하단다.
힘자랑하는 사람 곁엔 힘자랑하는 사람들만 모여.
늘 겨루고 싸우고 이겨야만 하지.
하지만 품격을 가진 사람에겐 온화하고, 좋은 것을 알아보는
사람들이 모이지.
양심을 갖고 행동하며, 서로를 존중하는 관계를 맺어.
이들은 힘이 센 사람들보다 더 강하단다.
주변에 너만큼이나 불안하고 속상한 친구들이 많을 거야.
너보다 더 약한 친구가 있다면 보듬어주렴.

내 편은 아무도 없어

날 괴롭히던 친구를 들이받았어요.
그런데 선생님은 둘 다 똑같이 잘못했다고 해요.

친구랑 싸웠다고 말씀드렸더니 엄마는 내 성격이 문제래요.
아빠에게도 싸웠다고 혼났어요.
내 편은 아무도 없어요.

외롭고 서글픈 날이었겠구나.

너에겐 그럴 만한 이유가 있었을 텐데,

아무도 네 마음에 귀 기울이지 않았어.

위로를 기대했는데 비난을 받았으니 얼마나 슬펐을까 싶네.

안타깝지만 앞으로 살면서 이런 날이 몇 번 더 찾아올 거야.

내 편은 아무도 없고, 홀로 우주에 둥둥 떠 있는

외로운 순간들 말이야.

그래서 자존감을 갖는 게 중요하단다.

매 순간 너의 마음을 훤히 읽어주고

속 시원하게 대신해서 말해 줄 사람은 없거든.

그렇다고 해서 절망하고, 너마저 너를 소홀히 대하면 안 돼.

그러면 네 안의 멋진 너에게 또 상처 주는 셈이 되어 버려.

속상할 땐 울어도 돼. 원망하고 후회를 해도 돼.

그런 뒤에는 너 자신을 위로해주렴.

'괜찮아, 나는 날 이해해. 씩씩해지자.'라면서 말이야.

오늘이 지나면 새로운 기분으로 또 하루를 맞이할 수 있을 거야.

미움받을까 두려워

♥

"발표해볼 사람?" 선생님이 물어보시면 나는 손을 번쩍 들어요.
연극이나 요리 수업할 때도 난 자신 있어요.

그런데 애들은 나보고 잘난 척 쟁이라고 쑥덕거려요.
난 그저 해보고 싶었을 뿐이라고요.

엄마는 친구들이 날 부러워해서 시샘하는 거라는데
사실은 나를 싫어하는 거 같아요.

도대체 어떻게 해야 하는 건가요?

엄마 말씀대로 친구들은 네가 은근히 부러울 거야.

왜냐하면 모든 사람에겐 '인정 욕구'라는 게 있거든.

나의 장점과 가치를 보여주고, 박수받고 싶은 마음 말이야.

그런데 넌 선생님께 인정받고, 친구들 가운데서

으뜸으로 잘 해내도 그리 행복한 거 같지가 않구나.

그건 네가 원하는 것들이 서로 충돌하고 있어서 그래.

'똑똑하고 잘하는 아이'로 보이고 싶다는 것과

'친구들과 잘 지내고 싶어.'라는 마음이 부딪히는 거거든.

저 혼자 잘나고 싶은 사람은 이런 고민을 하지 않아.

네 안에는 우정을 따뜻이 품고 싶다는 마음이 있는 거야.

너의 실력을 보여줄 또 다른 방법들이 있어.

어려워하는 친구에게 조용히 다가가

네가 아는 것을 부드럽게 가르쳐 줄 수 있지.

조금 느린 친구들을 위해 발표 기회를 양보해 줄 수도 있어.

그러면 친구들과 함께 부쩍 성장한 너를 발견하게 될 거야.

한 사람의 열 걸음보다 열 사람의 한 걸음이

더 중요할 때가 있단다.

학교 폭력 대처법

친구 사이에 괴롭히는 일은 있어선 안 돼. 하지만 종종 그리고 비밀스레 발생하곤 하지. 아래 항목을 부모님과 함께 체크해보고, 방법을 찾아보자.

- ☐ 친구가 일부러 밀치거나 때리지만 적극적으로 항의하지 못하고 있다.
- ☐ 책이나 돈을 빼앗겼다.
- ☐ 자주 놀림을 받고 무시와 조롱을 당한다.
- ☐ 시키는 심부름을 거절할 수가 없다.
- ☐ 날카로운 물건으로부터 위협을 받은 적이 있다.
- ☐ 굴욕적인 행동을 강요받았다.
- ☐ 집단으로 에워싸인 채 따돌림을 당했다.
- ☐ 빼앗긴 물건을 훼손돼서 돌려받았다. (낙서, 찢기 등)
- ☐ 휴대전화나 인터넷 카페에서 자주 내 험담을 한다.
- ☐ 위협적인 말을 들었다.

이 중 1개 이상이 해당하면 반드시 부모님 그리고 선생님과 상의해야 한단다.

친구를 괴롭히는 아이에게

어쩌면 넌 "장난일 뿐이에요."라고 말할지도 몰라. "나 말고 다른 애들도 같이했어요."라고 설명할 수도 있지.

하지만 친구를 괴롭게 하는 건 큰 잘못이야. 그 친구가 가진 장점과 빛나는 가능성을 짓밟는 행동이란다. 그 친구는 나중에 어른이 되어도 널 미워할지도 몰라.

함께 웃고 즐거울 수 있다면 장난이 될 수 있어. 하지만 매번 장난의 대상이 그 친구이고, 그 친구가 괴로워한다면 그건 엄연한 폭력이야.

이런 나쁜 행동에는 반드시 결과가 따라와. 당장은 아니라 해도 네가 괴롭히는 친구가 너보다 더 크고 힘이 세어질 수도 있고 또는 어른이 되어 다시 만날 수도 있어. 그때 그 친구는 지금과는 전혀 다른 모습일 거야.

비록 뒤늦게 후회한다 해도 사회는 친구를 괴롭힌 사람을 쉽게 용서하지 않는단다.

네가 가진 멋진 능력을 좋은 일에, 정의롭게 쓰기를 바랄게.

내 꿈은 뭘까?

💛 과학자도 되고 싶고 가수도 되고 싶고 유튜버도 되고 싶어요. 그러다가 아무것도 못 될까 봐 걱정되기도 해요. 어떤 꿈을 가져야 할까요?

꿈을 갖는 건 정말 소중한 일이지.

내가 이루고 싶은 것을 상상하면 기분이 좋아지고,

해야 할 일들을 더 즐거운 마음으로 할 수 있으니까.

또 무엇이 될까를 고민하면서

우리 사회가 어떻게 이루어져 있는지를 살펴볼 수 있어.

그리고 많은 사람의 노력과 도전의 혜택을 누리고 있다는 것도

알 수 있지.

지금 넌 무엇이든 마음에 품어도 돼.

그런데 꿈으로 가는 직선도로는 없단다.

마치 징검다리처럼 놓여 있어서

하나하나 차곡차곡 밟으면서 가야 해.

하지만 말이야, 꿈이란 건 직업을 의미하는 것만은 아니란다.

그렇게 따지자면 정말 꿈을 이룬 사람은 얼마 되지 않을 거야.

어릴 땐 전혀 생각지 못한 일을 하는 어른들도 많거든.

막상 꿈을 이뤄도 행복하지 않은 사람들도 많아.

무엇이 되기보다 어떤 사람이 되고 싶은지

생각해 보는 것도 좋을 거 같아.

꿈이 없는데……

장래 희망을 뭘로 해야 할까요?
꿈이 없어도 되나요?

딱히 하고 싶은 것도 없어요.

뚜렷하게 잘하는 게 없는 나, 왠지 부끄러워요.

꿈을 품는다는 건 특별한 권리고, 행복이란다.

그런데 뚜렷하게 잘하는 게 없어서 꿈을 갖지 못한다는 건

좀 슬픈 일이야.

꿈은 무언가를 잘해서 갖는 게 아니란다.

여기 작은 씨앗이 있어.

어떤 열매를 맺는 씨앗인지는 말하지 않을게.

하지만 넌 그것을 기르기 위해 예쁜 화분에 씨앗을 심고

흙으로 토닥토닥 덮어주고 물을 주겠지?

그럼 어느 순간에 씨앗에선 새싹이 나고,

계절이 바뀌면서 꽃을 피우고 열매를 맺을 거야.

네게 아직 꿈이 없다는 건 차마 그 씨앗의 이름을

말할 수 없을 뿐이란다.

씨앗을 기른다는 건 기다림과 노력의 과정이야.

아직 꿈이 없어도 괜찮아. 꿈을 키우는 중이라고 하면 돼.

그러다가 어느 날 불쑥, 반가운 새싹이 나와

너에게 악수를 청할 거야.

'안녕! 너의 꿈이 탄생했어.'라면서 말이야.

꿈을 이루려면 공부를 잘해야 하나요?

내 꿈은 우주선을 타고 화성에 가는 거예요.
부모님 또 할머니, 할아버지도 모시고 말이에요.

그런데 내 꿈을 들은 누나가 비웃어요.
공부도 못하면서 어떻게 우주에 가냐면서요.

정말 그런가요?
공부를 못하면 꿈을 이룰 수 없나요?

우선 대답해주고 싶은 건, "넌 공부를 못하지 않아!"란다.
시험지엔 빨간 색연필 비가 죽죽 내리고,
글씨는 삐뚤빼뚤 엉망이라도 넌 공부를 못하는 아이가 아니야.
공부의 영역은 아주 크고 넓어. 그에 비해 네가 하는 공부는
작은 부분에 지나지 않아.
시험 평가 같은 것으로 너의 능력과 미래를 평가할 수 없어.
'공부를 열심히 해야 꿈을 이룰 수 있다.'는 말엔
숨겨진 뜻이 있어. 그건 바로 네 할 일에 충실해야 한다는 거야.
어떤 꿈을 갖고 있든지 지금 너에게 주어진 일을 성실히 해내야
꿈을 성취하는 사람이 될 수 있단다.
그래서 더더욱 상상만으로도 흥분되고 즐거운 꿈을
갖는 건 소중해.
그런 꿈을 떠올리고 나면,
'더 노력해야겠다. 앞으로 잘해야겠다.'라는 마음이 생기거든.
신나는 마음으로 하는 것과 마지못해서 하는 건 차이가 커.
너의 꿈을 더 생생하게 그려보렴.
자신을 가져. 신나는 기분도 가져 봐.
그것들은 네 꿈에 날개를 달아줄 테니까.

꿈의 방향

지혜의 책이라 불리는 《탈무드》에는 꿈에 대해 이렇게 썼어.
"승자의 주머니 속에는 꿈이 있고 패자의 주머니 속에는 욕심이 있다."

꿈을 품는 건 아주 소중한 일이야. 그런데 왜 패자들은 욕심을 품는다고 비교했을까? 바로 꿈의 방향성 때문이란다. 꿈은 나를 위한 것이기도 하지만, 사람들을 위해 유익하게 쓰여야 하거든.

직업을 선택하는 것도 중요하단다. 돈을 벌어 생활해야 하기 때문만은 아니야. 좋아하는 일일수록 열심히 하게 되고, 결과를 통해 성취감을 느낄 수 있거든.

성취감은 너 자신을 자랑스러워하고, 더 발전할 수 있는 힘이 되어 준단다. 이걸 통해 네가 이 사회에 큰 역할을 하고 있다는 것도 확인할 수 있지.

직업의 세계는 무궁무진해. 뿐만 아니라 지금은 유망해 보여도 미래엔 가치가 없거나, 지금 도전하는 사람이 별로 없지만 나중엔 아주 중요한 일이 될 수도 있어.

예를 들어 50년 전에는 '운전기사 자격증'이 아주 인기였단다. 하지만 지금은 많은 어른들이 가지고 있고, 곧 무인자동차 시대가 열린다니 큰 쓸모가 없어질지도 몰라.

미래의 직업

☆ 미래학자들이 뽑은 미래의 직업

- 환경오염 최소화 전문가, 물 관리사(물 공급전환자, 물 정화 모니터), 쓰레기 처리 기술자 등 환경 분야
- 사물에 소통할 수 있는 정보를 구축해 활용하는 사물인터넷(IoT) 분야
- 100세 시대를 넘어 장수를 꿈꾸는 사람들을 위한 의료 분야
- 무인항공기 전문가, 자동화 엔지니어 등 자동화 기술 분야

★ 어떤 직업을 가져볼까 더 알고 싶다면

- 교육부에서 안내하는 커리어넷(www.career.go.kr)에 들어가면 적성에 맞는 진로를 탐색해 볼 수 있어.
- 진로직업박람회가 열릴 때 방문해 보는 것도 좋아.
- 그 외 가까운 어린이 직업 체험장을 이용해 볼 수 있단다.

지금 너의 꿈은 무엇이니? 그 꿈을 써 보자.

초판 1쇄 인쇄 2020년 2월 7일
초판 1쇄 발행 2020년 2월 14일

지은이 신소희
그린이 이유나
펴낸이 문미화
펴낸곳 도서출판 책읽는달
주　소 서울 서대문구 가재울로 45, 105-1204
전　화 02)326-1961/02)326-0960
팩　스 02)6924-8439
블로그 http://blog.naver.com/booknmoon2010
출판신고 2010년 11월 10일 제2016-000041호

ISBN 979-11-85053-47-9 73190

※ 이 책의 무단전재와 무단복제를 금하며, 책 내용의 전부 또는 일부를 이용하려면 반드시 책읽는달의 동의를 받아야 합니다.
※ 잘못된 책은 본사나 구입하신 곳에서 바꾸어 드립니다. 책값은 뒤표지에 있습니다.
※ 책읽는달은 여러분의 아이디어와 원고를 기다리고 있습니다.
　소중한 책으로 남기고 싶은 아이디어나 원고가 있으신 분은 bestlife114@hanmail.net으로 보내주세요.

어린이제품안전특별법에 의한 표시사항

제조자명 도서출판 책읽는달　**주소** 서울 서대문구 가재울로 45, 105-1204
전화 02)326-1961　**제조연월** 2020년 2월　**제조국** 대한민국　**사용연령** 7세 이상
⚠ **주의** 책을 떨어뜨리거나 던져서 다치지 않게 주의하세요. 책을 입에 물지 마시고 책에 손이 베일 수 있으니 주의하세요.